Einsterns Schwester 1

Schreiblehrgang

Vereinfachte Ausgangsschrift

von

Heidemarie Löbler

Illustriert von

Sharmila Banerjee

Yo Rühmer

Cornelsen

Einsterns Schwester 1

Schreiblehrgang

Vereinfachte Ausgangsschrift

von Heidemarie Löbler

Redaktion: Martina Schramm
Illustration: Sharmila Banerjee, Yo Rühmer
Technische Umsetzung: tritopp, Ingrid Uhlmann
Umschlaggestaltung: Sandra Knopke
Umschlagillustration: Yo Rühmer

Inhalt

www.cornelsen.de

1. Auflage, 5. Druck 2014

Druck: Himmer AG, Augsburg

ISBN 978-3-06-082210-2

Hinweise zum Einsatz

1. Grundsätzliches zum Schreiblehrgang

Beim Erlernen der Druckschrift als Erstschrift, also bei der Bearbeitung des Druckschriftlehrgangs, haben die Kinder bereits wesentliche Voraussetzungen erworben, um mit dem vorliegenden Schreiblehrgang zügig und problemlos die verbundene Schrift zu erlernen.

Die Vereinfachte Ausgangsschrift zeichnet sich durch ihre gute *Erlernbarkeit, Lesbarkeit und Entwicklungsfähigkeit* für das verbundene Schreiben aus. Sie ist *bewegungsökonomisch* und *verzichtet auf unnötige Drehrichtungswechsel*. Ihre Buchstaben haben eine klare Binnenstruktur und behalten in jeder möglichen Kombination ihre Form. Die Großbuchstaben entsprechen weitgehend der Druckschrift.

Während sich die Druckschrift durch ihr formorientiertes, zusammensetzendes und gegliedertes Wesen auszeichnet, geht es bei der Schreibschrift um bewegungsorientiertes, zügig-verbindendes Schreiben. Daher sind ergänzend zur Bearbeitung des Schreiblehrgangs Übungen zur Schulung der Feinmotorik und zur Kräftigung der Fingermuskulatur erforderlich.

2. Methodische Hinweise zum Schreiblehrgang

Das Schreiben der Vereinfachten Ausgangsschrift bedarf systematischer und gründlicher Übung. Dabei steht zunächst das wichtigste Strukturmerkmal im Vordergrund: *Jeder Kleinbuchstabe endet an der Oberkante des Mittelbandes*.

Neben den verschiedenen Grundbewegungen ist besonders der *Drehrichtungswechsel* bei einigen Buchstaben zu beachten. Drehrichtungswechsel kommen nicht nur innerhalb der fortlaufenden Schreibbewegungen vor. Es gibt auch Drehrichtungswechsel im Anschluss an einen Halte- bzw. Bewegungsnullpunkt ①. Sie sind dann zugleich verbunden mit einem Deckstrich ②.

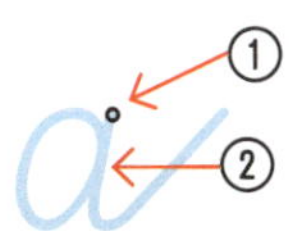

In der Vereinfachten Ausgangsschrift entfallen bei den Linksovalen (a, o, d, g, …) die Deckstriche am Wortanfang

und damit zusätzliche Drehrichtungswechsel. Im Wortinneren werden die Deckstriche durch die sogenannten *Luftsprünge* ersetzt:

Im Allgemeinen richtet sich der Schreiblehrgang nach folgenden Prinzipien:

- Wo es erforderlich ist, gibt es eine vorbereitende *feinmotorische Grundübung*.
- Buchstabenfolge: Der Schreiblehrgang übt die vom Schreibablauf einander ähnlichen Buchstaben weitgehend im Zusammenhang.
- Die neuen Buchstaben in den gelb umrandeten Feldern werden zuerst mehrmals *farbig nachgespurt*. Dann schreiben die Kinder den Buchstaben in unterschiedlichen Größen in das Feld.
- Die Schreibansatzpunkte für den Schreibablauf der Buchstaben sind nummeriert. *Haltepunkte bzw. Drehrichtungswechsel* sind durch Kreise markiert.
- Die hellblauen Buchstaben und Wörter werden *nachgespurt* (farbig oder mit Bleistift).
- Alle neu eingeführten Buchstaben sind in Druckschrift oben auf der Seite vorgegeben.
- Arbeitsaufträge erscheinen wegen der besseren Übersicht in Druckschrift.
- Das Schreiben mit Füller wird erst nach fortgeschrittenem und sicherem Umgang mit der verbundenen Schrift im Laufe des zweiten Schuljahres empfohlen.

Viele Aufgaben im Schreiblehrgang bieten *Differenzierungsmöglichkeiten* (nicht jedes Kind sollte alle Wörter bzw. Sätze oder Texte abschreiben müssen). Sie eignen sich auch zur Wiederholung eingeführter Wörter, zum Aufbau eines Grundwortschatzes sowie als Ausgangspunkt für das freie Schreiben.

Das *Abschreiben von Texten* kann mithilfe der in den Schreiblehrgang integrierten Themenseiten (z. B. Seite 37) sowie der Seite 56 besonders geübt werden. Auch hier finden sich Texte zu bestimmten Themen, die innerhalb der Buchstabenprogression zu einem bestimmten Zeitpunkt abgeschrieben werden können. An den entsprechenden Stellen gibt eine kleine Verweishand den Hinweis auf die Seite.

3. Arbeitssymbole

Folgende Arbeitssymbole werden im Schreiblehrgang verwendet:

 schreiben,

 verbinden,

 einkreisen,

 ankreuzen,

 in ein Heft schreiben,

 Differenzierungsmöglichkeit, z. B. in Form von Schreibraum zum freien Schreiben von Lieblingswörtern oder zum Wiederholen von Einzelbuchstaben,

 Verweis auf die Seite 56 im Anhang, die Übungstexte zum Abschreiben enthält.

Lola
Uli
Tim
Lisa
Uli
Lisa
Lola
Tim
... und jetzt alles in Schreibschrift!
Anne
Tobias
Lea
Ali
Lea
Ali
Anne
Tobias

l

Lola

Lola Lola

Ball

Ball Ball

lila

lila lila

Lolli

Lolli Lolli

Salat

Salat

Füller

Füller

los

los los los

toll

toll toll

tolle Wolle

tolle Welle

f

f f f

f f

ff ff

ff ff

Tafel

Tafel Tafel

Affe

Affe Affe

Ofen

Ofen Ofen

Schiff

Schiff

fünf

5

fünf fünf

Koffer

Koffer

fein

fein fein

offen

offen offen

fünf Affen

fünf Koffer

e

el

Esel

Tafel

Apfel

Löffel

elle

Teller

Welle

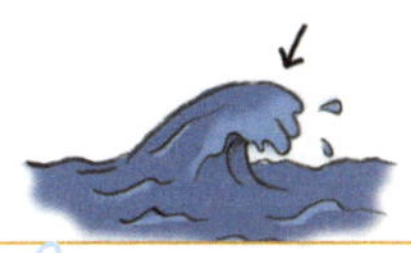

Kelle

T

P

Tim

Pulli

Tal

Pinsel

Tasse

Papa

Tanne

Perle

Tee

Tee

Pelle

Pelle

F

F

Fe

Fee

Fee

Fell

Fell

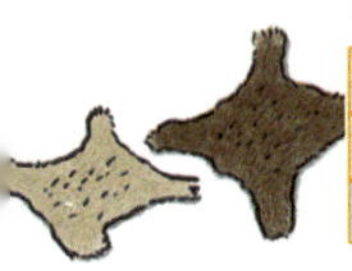

Felle

Felle

Feld

Feld Feld

Fels

Fels Fels

Fee Fee Fee Fee

i

i i i

i i i

u

u u u

u u u

Tim

Tim Tim

Pulli

ei

ei ei ei

ei ei ei

eu

eu eu eu

eu eu eu

Seil

Seil Seil

Feuer

Feuer

Pfeil

Beule

Beule

Teil

Teil

feucht

feucht

E

E

Ei

Eile — *Eile*

Eu

Eule — *Eule*

Efeu — *Efeu*

Elfe — *Elfe*

Tee, Fee, Fell, Pulli, Pfeil,
elf, Ei, Eile, Eule, Elfe, Efeu

n

Tini

m

Tim

ein ein

eine eine

 ein

mein mein

mein

mein Pulli mein Pulli

mein Pulli

fein fein

fein

nein nein

nein

ein Fell, ein Pulli, ein Pfeil,
ein Ei, eine Fee, eine Elfe, eine Eule

O o

Omi Omi

Ofen Ofen

offen offen

oft oft

Tonne Tonne

Telefon Telefon

Olli Tom Tini

a

a

a a a

au

an

am

d

d

d d d

da

dann

die

Pia

Pia

Pia

Paddel

Paddel

Paddel

Faden

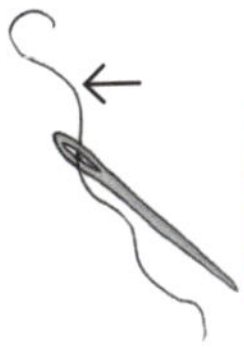

Faden

Faden

die Oma, die Tafel, die Tanne, die Tonne,
die Eule, die Fee, die Falle, die Palme

D

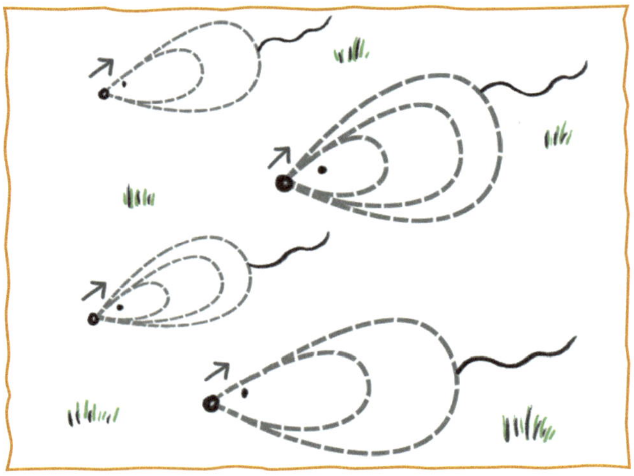

D D

D D D

Di

De

Da

Dino Dino

Dino

Dame Dame

Dame

Delfin Delfin

Delfin

Domino Domino

Domino

Daumen Daumen

Daumen

Diana Daniel Damian

S s

S

s

See

das

das

s

so

ss

essen

Sessel

Susi und Oma sind im Sessel.
Sie essen Salami. Fein!

t

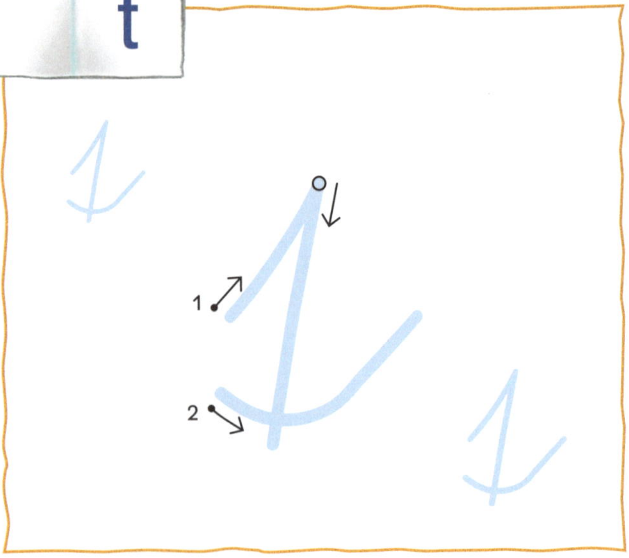

t t t

ta ta

te te

tt tt

St St

st st

toll

fest

Stift

still

ist

Die Salami		laut.
Das Fest		still.
Die Stimme	ist	toll.
Die Stadt		nett.
Die Tante		fest.

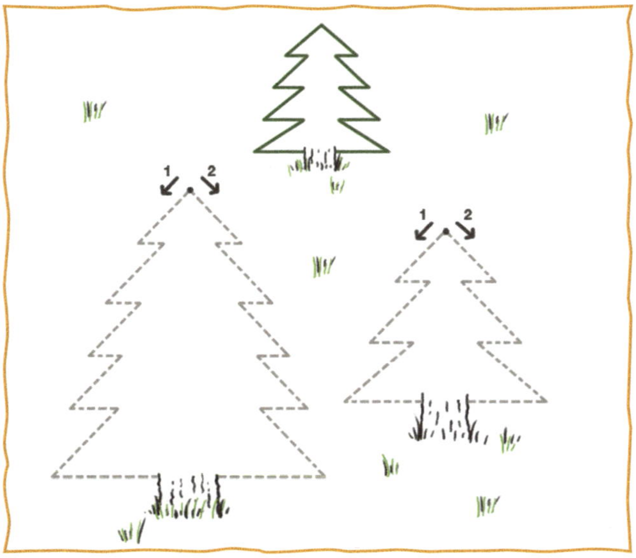

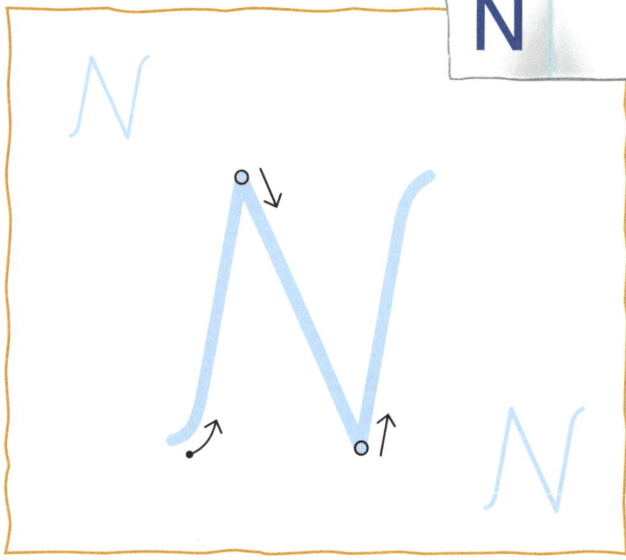

N N N

Ne Ne

Na Na

No No

Nase

Nest

Note

Nadine Natalie Nina Noel Nele Nils

die Not, die Note, die Nase, die Nuss,
die Null, die Nudel, das Nest, die Namen

M

M M M

M

Ma

Me

Mama

Meise

Mund

Verbinde die Silben und schreibe die Wörter.

Mi nu te

Mu se um

Mei sen nest

Mau se fal le

Schreibe die vier Namenwörter mit ihrem Begleiter auf:
die Minute, ...

A

A A A

A

Au

Au

Auto

Ast

Ameise

Affe

Was sind Tiernamen?

Auto

Affe

Ast

Automat

Atlas

Aal

Amsel

Ameise

Welche Wörter aus dem Kasten kannst du trennen?
Schreibe sie in Silben ins Heft: Af-fe, ...

p

p p p

pp pp

Opa

Papa

Puppe

Ampel

piepsen

Namenwörter blau,
Tunwörter rot

Namenwörter

Tunwörter

Pappe
pusten
Papa
plappern
Mappe
Suppe
piepsen
plumpsen
Ampel
stoppen

Schreibe alle Wörter in Silben getrennt: *Pap-pe, ...*

Pf Pf

pf pf

Pfote

Topf

Apfel Dampf Napf pfeifen stampfen

Apfel

Napf

Dampf

pfeifen

stampfen

Sp Sp

sp sp

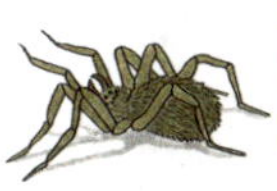

Spinne

spielen

span nen

spin nen

spot ten

spen den

Spanien, Spende, Spinne, Spott, Spule,
spalten, spannen, speisen, spotten

R r

R R R

r r r

Rose

rufen

der

Ordne die Namenwörter mit R.

Roller Radio Rad Rosine
~~Raum~~ Rasse Ruder Reise Ritter

der	die	das
Raum		

Schreibe alle Namenwörter mit Begleiter ins Heft.

ra · · · ra re · · · re

ro · · · ro er · · · er

Was machen alle? Was macht Tim?

~~rei~~ ren rol ro re ru

~~ten~~ len deln dern nen den

Alle reiten. Er reitet toll.

Alle Er

Schreibe lustige Sätze.

Rudi	redet	im See.
Ritter Rolo	reitet	mit dem Roller.
Rosali	lernt	auf dem Pferd.
Der Pirat	rennt	mit einem Eimer.

Seite 56

I

I I I

Ii Ii

Imo

Imo

Insel

Idee

Inliner

Verbinde die Silben und schreibe.

In di a ner

In ter net

Vier Sätze sind richtig.

◯ Indianer reiten in Filmen oft.

◯ In einem Stall sind Tiere.

◯ Im Sessel lernen Ina und Ines.

◯ Ines und Ina sind oft im Internet.

◯ In der Natur lernen Pferde pfeifen.

Schreibe die richtigen Sätze ins Heft.

H h

H H H H H

h h h h h

Hals

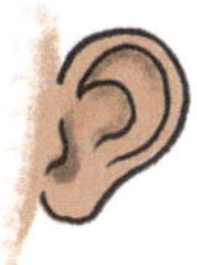

Ohr

hat

Was sind Tiernamen?

Hof
Hund
Hahn
Hase
Husten
Helm
Henne
Hai
Haus
Hamster

Hund

Schreibe in Schreibschrift.

Tim hat Husten. Er ist heiser und
sein Hals ist rot. Holundertee hilft ihm.

C c

C c

Cent

cool

Creme Comic Computer Cola

Alle sammeln Comics.

Alle s

Alle lesen am Computer.

Alle cremen die Haut ein.

Schreibe, was Celina macht: *Celina sammelt …*

Ch ch

Ch

Ch

Ch

ch

ch

ch

Ch Ch

ch ch

Chor

ich

China

chs

6 sechs

Fuchs

Was machst du manchmal?

- am Computer rechnen
- Sachen suchen
- an einer Creme riechen
- Sport
- im Chor lachen
- im Meer tauchen
- eine Pfeife rauchen

Schreibe zu jedem Feld einen Satz:

Ich rechne manchmal am Computer.
Ich lache nicht ...

Seite 56

Sch sch

Sch Sch Sch

sch sch sch

Sch Sch

sch sch

Schule

Fisch

Scha ~~Sche~~
Schau le
~~re~~ fel
fe Schlei

Schere

schnup schla schmu fen sen pern

Schreibe in Schreibschrift.

Nach der Schule

Ina sucht Tiere im Internet.
Sascha liest einen Comic.
Chris faltet ein Schiff.
Tino schaut Fotos an.

L

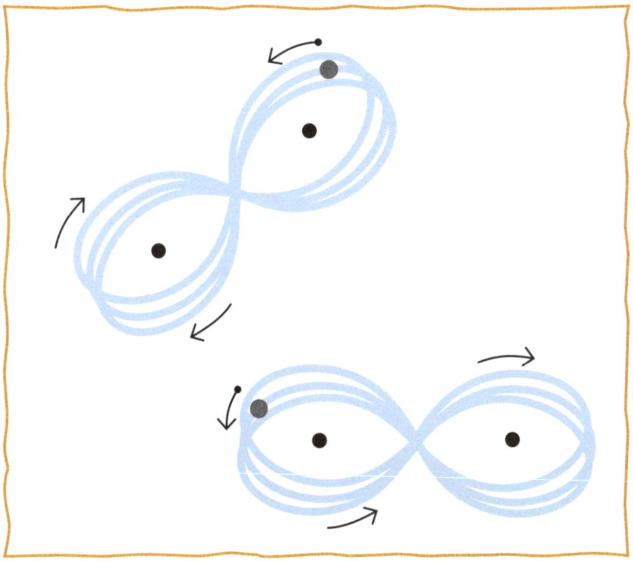

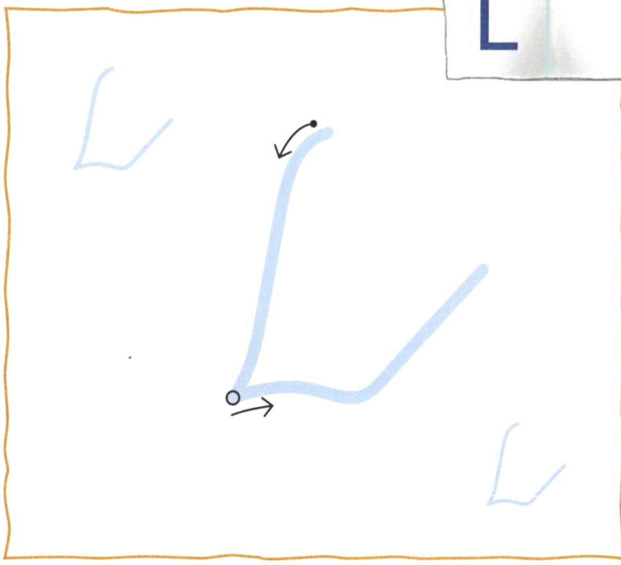

L L L

Lola

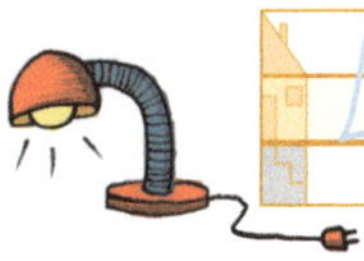

Lampe

Ordne die Namenwörter.

das

die

Lamm

Leine

Land

Lied

Laterne

Lasso

Licht

Lehrerin

Lippe

Leiter

Schreibe alle L-Wörter mit Begleiter auf.

Seite 56

Z z

Z Z Z

z z z

 Zelt

 Zahn

10 zehn

 Herz

Namenwörter blau, Tunwörter rot

Zitrone zappeln Zeit Zoo zittern tanzen

Namenwörter	Tunwörter

Schreibe die Wörter in Silben getrennt ins Heft.

tz

tz

atz

etz

Schreibe die Reimwörter untereinander auf.

flitzen schnitzen Platz hetzen Matratze
Satz petzen Tatze

Schreibe die Sätze geordnet ins Heft.

Tim ein Herz. schnitzt

Ali immer auf seinem Platz. sitzt

holt Der Arzt eine Spritze.

Lisa ihr Zimmer. putzt

hat Der Leopard Tatzen.

Schreibe mit den Reimwörtern eigene Sätze.

U

U u

Uhu

Uhu

Ufer

Uhr

Verbinde die Wortteile und schreibe die Namenwörter mit Begleiter.

fall

Un

sinn

recht

Welche Wörter passen?

Uniform

Uranus

Urteil

______ ist ein Planet.

Die Polizei hat eine ______.

Der Richter spricht ein ______.

Schreibe die Sätze ins Heft.

B b

B B B

b b b

Blatt

Buch

Laub

bald

Was passt? Briefe Bus Ball Buden Birnen Bonbons

______ fahren ______ essen

______ spielen ______ bauen

______ schreiben ______ lutschen

Schreibe in der Ich-Form Sätze mit den B-Wörtern.

Ich fahre mit dem Bus. Ich spiele …

bl bl br br

be be ben ben

bren blit ~~bra~~ zen ~~ten~~ nen

blub blu brau bern ten sen

braten

Welche Silben passen?

blei

to

le

fe

sie

ben

Welche Tunwörter passen?

der Benutzer benutzen

der Besitzer

der Besucher

der Bericht

der Befehl

das Benehmen

Schreibe so: der Benutzer – benutzen, ...

Schreibe den Text ab.

Bei Tinas Bruder Leon

1. Tina und Leon sind beide
   in Leons Zimmer.
2. Neben seinem Bett ist ein Bild
   mit der Sonne im All.
3. Die Sonne erhellt immer
   nur einen Teil der Erde.
4. Um 12 Uhr ist sie oben am Himmel.
5. Am Abend ist es bald finster.

Ä ä

Ä ä

Ä ä

Ä Ä Ä

ä ä ä

Bär

Aus a wird ä. *Ast* *Apfel* *Zahn*

 der Ast  die Äste

 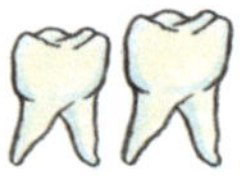

Schreibe in Schreibschrift.

Lisa schält Äpfel.

Tim liest ein Märchen.

Das Mädchen fällt hin.

Schreibe die Namenwörter in der Einzahl und Mehrzahl:
die Hand – die Hände, …

Hand, Sack, Fass, Dach, Bad, Rad, Platz, Schnabel

Äu äu

Äu Äu

äu äu

Äu Äu

äu äu

träumen

Aus au wird äu.

Maus Haus Baum

 die

Was passt?

träumen aufräumen Bäuerin Fräulein Räuber läuten

Bauer

laut

Traum

Raum

Frau

rauben

Schreibe die äu-Wörter dieser Seite ins Heft.

Ö ö

Ö ö

Ö ö

Öl

hören

Aus eins mach zwei!

Ofen Horn Dorf

der

Schreibe in Schreibschrift.

Brötchen öffnet lösen

Lisa isst ein Brötchen.

Tim öffnet eine Cola.

Anna möchte Rätsel lösen.

Schreibe die Sätze ins Heft.

Ü ü

Ü ü ü ü

ü ü ü

ü ü ü

für

Mütze

über

Was reimt sich?

hüp te schlüp te Blü fen Tü fen

Was darfst du?

ein Feuer im Wald anzünden

fünf Tassen spülen

in der Klasse laut brüllen

im Heft üben

Ich darf

Bürste, Rübe, Rüssel, Schlüssel, Tür,
füllen, brüllen, spülen, dürfen, müssen

V v

V v

V V V

v v v

Vater

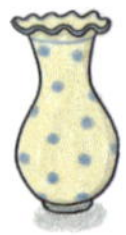

Vase

4

vier

ver

raten stehen tauschen

schreiben reisen binden

Vampir, Vater, Ventil, Vers, Video, Vorsicht,
viel, vielleicht, voll, von, vor, vorbei, vorn

Schreibe eigene Sätze mit den *ver*-Wörtern.

W w

W

w

Wolle

wissen

Wenn die Wespe sticht, • • blühen die Wiesen.

Wenn es warm wird, • • schwillt die Haut.

Wenn der Wind weht, • • wirbeln die Blätter.

Was willst du von deinem Partner wissen? Schreibe Fragen auf: *Was? Wo? Warum? Wie? Wann?*

G g

G G G

g g g

Geige

Gras

Tiger

Vogel

gut

Was ist richtig?

- ◯ Die Ritter lebten früher in Dosen.
- ◯ Am Geburtstag gehen wir nicht zur Schule.
- ◯ Die Geige ist ein Instrument.
- ◯ Im Märchen gibt es Zwerge.
- ◯ Spagetti essen wir sehr gern.

Schreibe ins Heft, was richtig ist.

gen gen

lie
bel
flie
sa
fra

gen

liegen → er liegt

ng ng

Ring

lang

Schreibe in Schreibschrift.

Im Garten fliegen Schmetterlinge.

An der Angel hängt ein Wurm.

Schreibe in Silben getrennt: *sin-gen, …*

singen, Finger, Schlange, Engel, Zunge,
Stange, Zange, gelingen, hängen, fangen

Seite 56

J j

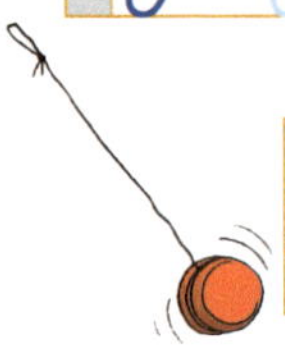

Jo-Jo

jetzt

Welche Silben gehören zusammen? Schreibe die Wörter auf.

jam deln ju gen mern ja jo beln

Was stimmt? Antworte mit *ja* oder *nein*.

Ist der Jaguar ein gefährliches Raubtier?

Ist der Januar der zweite Monat im Jahr?

Mögen viele Jungen Judo als Sport?

Schreibe die Antworten als Sätze.

Der Jaguar ist ...

Das Jahr	richtig	falsch
Im Januar fängt das Jahr an.		
Im März beginnt der Sommer.		
Im Juni sind die Kirschen reif.		
Im November ist Silvester.		
Im Dezember ist Ostern.		
Im Frühling wird alles grün.		
Im Sommer haben wir hitzefrei.		
Im Herbst fallen die Blätter.		
Im Winter blühen Krokusse.		

Schreibe die richtigen Sätze ab.

Berichtige die falschen Sätze.

K k

K k

K K K

k k k

Kerze

kein

klein

Schreibe die Namenwörter mit dem passenden Begleiter auf.

~~Kaktus~~ Klasse Kind Kreide Kreis Kuh

der Kaktus,

Was kannst du kaufen?

- ◯ Kaffee
- ◯ Kinder
- ◯ Kuchen
- ◯ Kronen
- ◯ Kamele
- ◯ Kakao
- ◯ Kekse
- ◯ Krokodile

Ich kann Kaffee kaufen. Ich kann keine Kamele …

Seite 56

ck

ck ck ck

ck

ck ck ck

ck

Sack

Sack

Jacke

dick

Namenwörter blau, Tunwörter rot, Wiewörter grün ausmalen.

Zucker
fleckig

wackeln
Mücke
Schnecke
dreckig
knacken

lecker
schlecken

Schreibe die Wörter geordnet auf.

Schreibe jedes Wort nach Silben getrennt.
Schreibe so: Mü-cke, ...

ß

ß ß ß ß

ß ß

ße ße

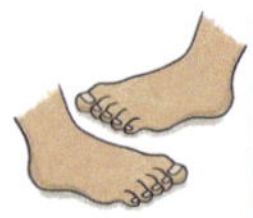

Füße

Füße

groß

größer

Was reimt sich?

Fuß fleißig Floß Gruß dreißig Kloß

Was passt zusammen?

Schokolade ist	fleißig.
Zum Fleisch gibt es	süß.
Der Schnee ist	Soße.
Wer viel arbeitet, ist	weiß.

Schreibe die Sätze ins Heft.

ßen ßen

ßt ßt

heißen

gießen beißen gießt beißt

schießen reißen schießt reißt

 → Er

 → Er

 → Er

 → Er

Schreibe fünf lustige Sätze ins Heft.

Kinder	grüßen	süßen Pudding.
Eltern	beißen	fleißige Kinder.
Hunde	verschenken	große Füße.
Verliebte	lieben	heiße Würstchen.
Schüler	genießen	weiße Rosen.

Vergleiche.

Der Elefant ist
größer als …

Elefant – groß – Maus
Sonne – heiß – Feuer
Biene – fleißig – Fisch

Qu qu

Qu Qu Qu

qu qu qu

Qu Qu

qu qu

Quirl

quer

Setze die Silben zusammen und schreibe die Wörter.

qua qual quie quiet

ken ken men schen

Was ist es?

Quark Qualle Qualm Quadrat

Sie schwimmt im Meer. Wenn sie dich berührt, brennt die Haut.

Es ist ein besonderes Viereck. Alle Seiten sind gleich lang.

Erfinde für die anderen Wörter selbst Rätsel.

X x

X x

Xenia

fix

Hexe

Text

Schreibe die Wörter ab.

verflixt Taxi fix Max Lexikon extra boxen hexen mixen

Schreibe lustige Sätze, in denen möglichst viele Wörter mit X und x vorkommen.

Seite 56

Y y

 Teddy

Thymian · Syrakus · Xylofon · Hyazinthe · Zylinder · Pyramide

1. Eine Stadt im Süden Italiens ist ______.

2. Ein Gewürz ist ______.

3. Ein Frühblüher ist die ______.

4. Ein vornehmer Hut ist ein ______.

5. Ein Instrument ist das ______.

6. Ein Bauwerk in Ägypten ist eine ______.

Schreibe die sechs Sätze ins Heft.

Schreibe den Text ab.

In der Bücherei

1. Die Klasse 2c macht ein Quiz.
2. Jede Gruppe schreibt Fragen zu einem Hobby.
3. Max interessiert sich für exotische Tiere.
4. Er braucht extra ein Lexikon.
5. Jan sucht ein Buch über Ägypten und Pyramiden.
6. Hülya mag Gymnastik und liest Texte über Yoga.

Nach R/r (Seite 25)

Der neue Roller

Rolf und Rosi fahren Roller. Er ist rot und rollt prima. Sie rasen um den See. Auf einmal ruft die Mutter.

Nach Ch/ch (Seite 29)

Hasso, der Hund

Hans hat einen netten Hund. Sein Name ist Hasso. Der Hund ist heute allein. Er heult laut. Endlich taucht Hans auf.

Nach L (Seite 31)

In der Schule

Alle lernen und passen auf. Leon rechnet im Heft. Er sucht sein Lineal. Ist es in der Mappe? Nein! Es ist leider nicht da. So ein Pech!

Nach G/g (Seite 45)

Eine lustige Geschichte

Ein Igel und eine Schlange essen ohne Gabel Gemüse im Garten. Dann liegen sie gemütlich im Gras. Ein Vogel fliegt ganz fröhlich ins Gebüsch und singt sein Abendlied.

Nach K/k (Seite 48)

Das kleine Krokodil

Das kleine Krokodil sucht einen Freund. Zusammen können sie viel machen. Sie können kämpfen und mit den Zähnen klappern. Ob das kleine Krokodil einen Kameraden findet?

Nach X/x (Seite 53)

Die kleine Hexe

Es war einmal eine Hexe. Sie träumte von einem neuen Hexenhaus und einem schnellen Hexenbesen. Doch verflixt! Sie konnte ihr Zauberbuch nicht mehr finden. Der Rabe Xaver lachte darüber.